Individuelle Platzhalter für alle Fälle

Als aufmerksamer Gastgeber haben Sie sicher Freude daran, Ihre Tafel passend zum Anlaß der Einladung zu gestalten. Natürlich werden Sie dabei Tischwäsche, Geschirr, Gläser und Blumen in Form und Farbe aufeinander abstimmen wollen. Doch erst, wenn auch entsprechende Tischkarten die Sitzordnung festlegen, wird das Ganze perfekt. Auf den folgenden Seiten finden Sie Vorschläge für viele Gelegenheiten, um mit dekorativen Ideen Ihre Gäste liebevoll beim Namen zu nennen.

Funkensprühendes Dreieck

Nicht nur zum Jahreswechsel zaubern Silberfransen und Paillettensterne ein kleines Feuerwerk auf den Tisch.

Sie brauchen für 1 Kärtchen:
1 Stück schwarzen Karton
von 16 × 18 cm Größe
Lineal · Bleistift · Schneidemesser
1 Streifen Silberfolie von 8 × 12 cm Größe
Schere · Silberdraht
2 Paillettensterne
1 silbernen Filzstift

1

Markieren Sie mit dem Bleistift die Mitte einer Breitseite des Kartons. Diesen Punkt mit Hilfe von Lineal und Bleistift mit den Ecken der gegenüberliegenden Seite verbinden. Auf diese Weise entsteht ein Dreieck von 16 × 19,5 cm Kantenlänge.

2

Schneiden Sie mit dem Schneidemesser das Dreieck aus, und markieren Sie mit dem Bleistift die Mitte der Schmalseite. Dieser Punkt muß mit Hilfe des Lineals mit der gegenüberliegenden Spitze verbunden werden. Entlang dieser Linie mit dem Schneidemesser den Karton einritzen (siehe Seite 18/19). So läßt das Kärtchen sich später besser knicken.

3

Mit dem Schneidemesser schneiden Sie jetzt im Abstand von 1 cm zur Schmalkante einen 1 cm langen Schlitz in die Knicklinie.

4

Mit der Schere die Längsseite des Folienstreifens 7 cm tief fransenartig einschneiden und den Streifen auf 1 cm Breite zusammenrollen.

5

Von dem Silberdraht zwei je 17 cm lange Stücke schneiden. An jeweils ein Ende drehen Sie einen Paillettenstern.

6

Das Kärtchen knicken. Stecken Sie zum Abschluß das Fransenbüschel in den Schlitz und die Silberdrähte in das Büschel.

7

Nun können Sie mit dem silbernen Filzstift das Kärtchen beschriften (siehe Seite 18/19 und 34/35).

Funkensprühendes Dreieck

Dreispitz mit Feder

Ob Fasching, Fastnacht oder Karneval –
mit dieser Tischkarte ist jeder Name närrisch gut behütet.

Sie brauchen für 1 Hut:
1 Stück Tonpapier von 10 × 14 cm Größe
1 schwarzen Filzstift
Bleistift · Lineal
1 silbernen Filzstift
1 Wattekugel · 1 Feder
Alleskleber

1

Umranden Sie zunächst das Stück Tonpapier auf beiden Seiten mit dem schwarzen Filzstift.

2

Nun mit Bleistift die Mitte einer Längsseite markieren, und die gegenüberliegende Seite 3 cm breit nach hinten knicken.

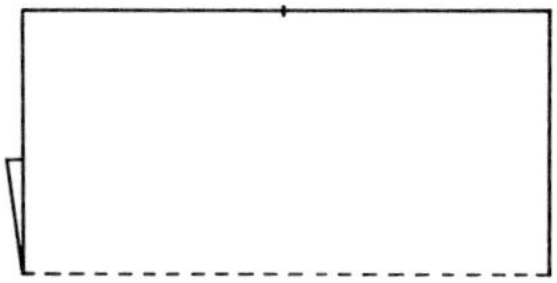

3

Entsprechend der Zeichnung falten Sie jetzt die Ecken zur Mitte hin.

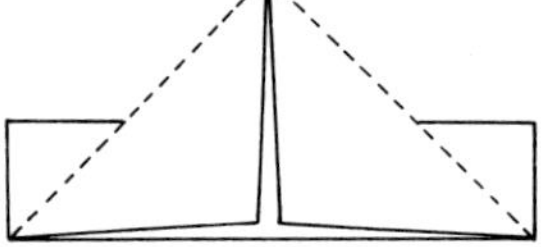

4

Nun die Spitzen der Ecken, der Zeichnung entsprechend, bis zur Faltlinie zurückknicken.

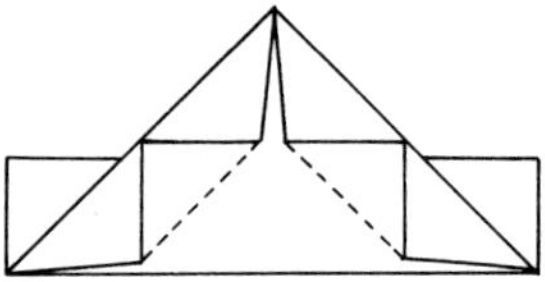

5

Färben Sie zunächst die Wattekugel mit dem Silberstift. Nun kleben Sie die Feder in die Kugel und die Kugel an die Hutspitze.

6

Die Hutecken mit schwarzem Filzstift verzieren und den Namen des Gastes eintragen (siehe Seite 18/19 und Seite 34/35). Mit Silberstift können Sie ihn zusätzlich bemalen.

Dreispitz mit Feder

Pünktel-Ei

Die bunten Riesenbonbons machen – ganz ohne Kalorien – das Osterfrühstück erst so richtig fröhlich.

Sie brauchen für 1 Bonbon:
40 cm Geschenkband
Schere
1 ausgeblasenes Hühnerei
2 wasserfeste Filzstifte in verschiedenen Farben oder Pinsel und Plaka-Farben
1 Stück Kreppapier von 20 × 50 cm Größe

1

Halbieren Sie zunächst mit der Schere das Geschenkband.

2

Beschriften Sie das ausgeblasene Ei vorsichtig zuerst mit Filzstift oder Pinsel in einer gewünschten Farbe. Malen Sie dann mit der anderen Farbe lustige Tupfen beliebiger Größe über das ganze Ei.

3

Das Kreppapier an beiden Längskanten quer zur Faserrichtung überdehnen.

4

Legen Sie nun das bemalte Ei in die Mitte des Papiers. Die gedehnten Kanten des Kreppapiers beidseitig rechts und links vom Ei zusammenraffen. Je ein farbenfrohes Geschenkband herumwinden und zu je einer Schleife binden. Dann die Bandenden spitz zuschneiden.

5

Jetzt müssen Sie nur noch das Kreppapier etwas bauschiger zupfen, so daß der Name Ihres Gastes auf dem getüpfelten Osterei gut lesbar ist.

Tip:
Als »Bonbon-Papier« eignen sich auch unifarbene oder bunt gemusterte Stoffreste, die mit einer Zackenschere zugeschnitten werden.

Pünktel-Ei

Grünes Kränzchen

Ob mit Buchsbaumzweigen, Efeuranken oder Blüten, hier stellt die Natur den richtigen Rahmen für den Gästenamen.

Sie brauchen für 1 Kränzchen:
Locher
1 Stück weißen runden Karton von
10 cm Ø
Lineal
0,5 cm breites und 1 m langes Satinband
Buchsbaumzweige von jeweils etwa
7 cm Länge
Schreibfeder und Tusche

1

Drücken Sie zunächst mit dem Locher in 1 cm Abständen Löcher in die Kartonscheibe.

2

Jetzt das Satinband so durch ein Loch ziehen, daß ein Stück mit 15 cm Länge für die Schleife hängen bleibt. Legen Sie einen Buchsbaumzweig zur Hälfte darüber. Nun – entgegen dem Uhrzeigersinn – das lange Ende des Bandes durch die Löcher fädeln und straffziehen. Dabei die Zweige immer so mitfassen, daß diese sich jeweils zur Hälfte bedecken, beziehungsweise überlagern. Das Ende des letzten Zweiges stekken Sie vorsichtig unter den ersten Zweig.

3

Die Enden des Satinbandes schlingen Sie erst zu einem Knoten, dann binden Sie eine runde, schöne Schleife.

4

Zuletzt beschriften Sie das Kärtchen mit Feder und Tusche (siehe Seite 34/35).

Tip:
Finden Sie keine Buchsbaumzweige für Ihr Kränzchen, so können Sie auch Efeuranken oder Blüten von Mimosen, Margeriten und Vergißmeinnicht verwenden.

Grünes Kränzchen

Einfach Spitze

Nicht nur bei munteren Kaffeekränzchen legt dieses Kärtchen die Sitzordnung fest, ganz in Weiß paßt es auch zu Taufe oder Erstkommunion.

Sie brauchen für 1 Kärtchen:
1 weiße runde Papierspitze von 12 cm Ø
1 Stück Fotokarton von 12 × 16 cm Größe
Bleistift · Lineal · Schneidemesser
30 cm langes Ringelband
1 Stück Papierband von etwa 4 × 6 cm Größe
Schreibfeder und Tusche, ersatzweise Rubbelbuchstaben

1

Die Papierspitze zu einem Halbkreis knikken und wieder auseinanderfalten. Nun beide Hälften von der Mitte aus zickzackförmig in 1 cm breite Falten legen.

2

Jetzt markieren Sie mit Bleistift die Mitte der Kartonlängsseiten. Die beiden Bleistiftpunkte verbinden und mit dem Schneidemesser entlang dieser Linie den Karton einritzen (siehe Seite 18/19).

3

Legen Sie den Karton hochkant. Mit dem Schneidemesser schräg in die linke obere Ecke der unteren Kartonhälfte im Abstand von 0,5 cm zwei je 3 cm lange parallel verlaufende Schnitte anbringen.

4

Heben Sie den Steg zwischen den beiden Einschnitten vorsichtig an, und ziehen Sie die gefaltete Papierspitze bis zur Hälfte durch. Beidseitig des Stegs die Spitzen auseinanderzupfen.

5

Zuletzt ziehen Sie das Ringelband bis zur Hälfte durch den Steg. Das Papierband in der Mitte raffen, auf den Steg legen und mit dem Ringelband festbinden. Mit dem Schneidemesser das Ringelband mehrmals spalten.

6

Mit Feder und Tusche (siehe Seite 34/35) oder Rubbelbuchstaben (siehe Seite 18/19) das Kärtchen beschriften und falten.

Einfach Spitze

Windrad mit Fähnchen

Es ist auch für Kinder leicht zu basteln und hält selbst stürmischsten Geburtstagsfesten stand.

Sie brauchen für 1 Windrad:
1 Stück Tonpapier von 2 × 9 cm Größe
Schere
1 schwarzen Filzstift
1 Musterklammer
1 Stück Tonpapier von 16 × 16 cm Größe
Bleistift
Lineal

1

Für das Fähnchen schneiden Sie das kleine Tonpapierstück mit der Schere an einer Schmalkante rund und an der gegenüberliegenden Kante v-förmig zu. Mit dem Filzstift beschriften. In die Rundung stechen Sie mit der Scherenspitze ein kleines Loch, durch das Sie die Musterklammer stecken.

2

Für das Windrad zeichnen Sie jetzt mit Lineal und Bleistift die Diagonalen in das Tonpapierquadrat. Mit der Schere die Diagonalen von den Ecken her bis etwa 1 cm vor ihrem Kreuzungspunkt einschneiden.

3

Durch das Schneiden entstehen Dreiecke. Jeweils eine Spitze dieser Dreiecke zur Mitte biegen. Die Spitzen dabei 1 cm weit übereinander legen. Mit der Scherenspitze durch alle 4 Lagen ein kleines Loch bohren. Die Musterklammer mit dem Fähnchen durch das Loch stecken und auseinanderbiegen.

Tip:
Besonders hübsch wird der Geburtstagstisch, wenn Sie mehrere Windräder in verschiedenen Größen und Farben basteln und zur Tischdekoration verwenden.
Und falls Sie ein Fest im Freien feiern, können Sie die Windräder auch in Schwung bringen. Dafür große Quadrate (etwa 30 × 30 cm) aus Papier zurechtschneiden und -biegen. Auf einen Nagel eine kleine Holzperle fädeln, die Nagelspitze durch die übereinander gelegten Ecken und den Mittelpunkt des Quadrates stekken und nochmals eine Perle aufziehen. Nun den Nagel an die Spitze eines Holzstäbchens klopfen.

Windrad mit Fähnchen

Mäuschen

Solch ein possierliches Tierchen kann sich bei jedem Kinderfest sehen lassen und kommt als Mäusefamilie erst richtig zur Geltung.

Sie brauchen für 1 große Maus:
1 Stück Tonpapier von 12 × 12 cm Größe
einige Besenborsten
1 schwarze Holzperle von 8 mm ∅
Alleskleber
20 cm Paketschnur
1 schwarzen Filzstift

1

Nehmen Sie zunächst das Tonpapierquadrat und knicken es in der Mitte.

2

Jeweils eine Ecke jeder Tonpapierhälfte bis zur Falzkante nach oben knicken.

3

An die so entstandene Spitze kleben Sie für die Schnurrhaare die Besenborsten, für die Nase dann die schwarze Holzperle.

4

An das andere Ende der Maus kleben Sie als Schwänzchen das Stück Schnur fest.

5

Nun fehlen dem Mäuschen nur noch die Augen, die mit Filzstift aufgemalt werden. Zuallerletzt wird das Tischkarten-Mäuschen beschriftet.

Tip:
Wenn die Mäuschen in Scharen auftreten, haben vor allem die Kinder Spaß daran. Basteln Sie die Mitglieder der Mäusefamilie in verschiedenen Größen und Farben. Und wer's so bunt nicht mag, bastelt weiße Mäuse, die – unterm Tisch oder Stuhl plaziert – kleine und große Gäste überraschen.

Mäuschen

So wird's gemacht

Schneidemesser richtig anwenden

1 Als Unterlage festen Pappkarton oder mehrere Lagen Zeitungspapier verwenden. Auf dem zu schneidenden Papier (oder Karton) mit Bleistift Schnittverlauf und Schnittlänge genau kennzeichnen.

2 An die Schnittkante ein Lineal legen und gut festhalten.

3 Das Schneidemesser mit Druck entlang des Lineals ziehen. Je nach Druck wird der Karton angeritzt oder durchtrennt.

1

Beschriften der Tischkarten

1 Zunächst auf Transparentpapier einige Schriftproben ausführen. Je nach Gelegenheit und Schreibgerät können Sie dafür klare oder verspielte Schriftformen wählen.

2 Durch Auflegen des beschrifteten Transparentpapiers auf die Tischkarte können Sie die passende Schriftform beziehungsweise -größe sowie die richtige Plazierung festlegen. Mit Bleistift die Länge des gewählten Schriftzuges auf die Karte übertragen.

3 Das Transparentpapier entfernen und den Namen auf die Tischkarte schreiben.

1

Rubbelbuchstaben übertragen

1 Auf Transparentpapier eine Hilfslinie zeichnen. Das Papier auf die Buchstabenfolie legen und den Namenszug entlang der Hilfslinie aufskizzieren.

2 Das Transparentpapier mit dem Namen auf die Tischkarte legen. Mit dem Bleistift Länge und Plazierung des Schriftzuges auf der Karte markieren.

3 Von der Rückseite der Rubbelbuchstaben die Schutzfolie abziehen. Buchstabe für Buchstabe an die Hilfslinie der Tischkarte legen und mit Bleistift aufrubbeln.

1

2

3

2

3

2

3

Säulenpaar

Für Liebhaber südlicher Reiseziele, die sich gern als Baumeister der Antike versuchen wollen.

Sie brauchen für 1 Säulenpaar:
1 Stück weißen Fotokarton von
7 × 7 cm Größe
Bleistift · Lineal · Schneidemesser
1 schwarzen Filzstift
1 Stück weiße Wellpappe von
12 × 26 cm Größe
Alleskleber
1 Stück weißen Fotokarton von
4 × 10 cm Größe

1

Für den Giebel zunächst das quadratische Stück Fotokarton zuschneiden. Dazu an je einer von zwei gegenüberliegenden Ecken beidseitig 1 cm abmessen und mit Bleistift markieren. Die Punkte der Zeichnung entsprechend mit Bleistiftstrichen verbinden.

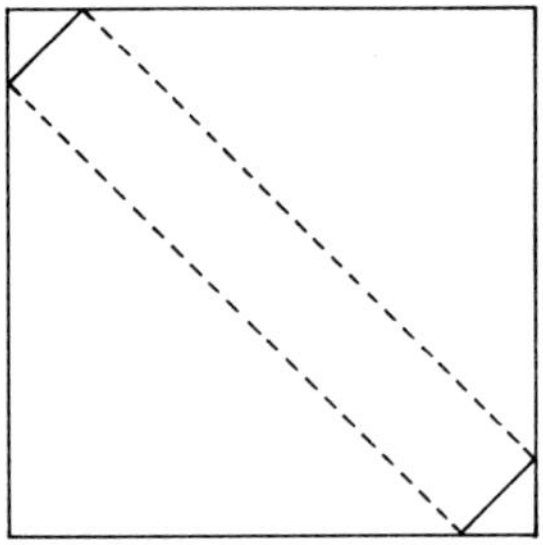

2

Jetzt schneiden Sie die beiden kleinen Ecken ab. Mit dem Schneidemesser den Karton entlang der gestrichelten Bleistiftlinien einritzen (siehe Seite 18/19).

3

Mit dem Filzstift eine Giebelhälfte beschriften. Dann knicken Sie beide Giebelhälften nach oben.

4

Für die Säulenkapitelle von der Längsseite der Wellpappe einen 1,5 cm breiten Streifen abschneiden und halbieren. Für die tragenden Säulen die restliche Pappe ebenfalls in der Länge halbieren.

5

Jeden schmalen Streifen auf der glatten Seite von den Enden her bis auf 2 cm in der Mitte mit Kleber bestreichen und von beiden Enden her aufrollen. Die beiden großen Pappstücke ebenfalls auf ihrer glatten Seite mit Kleber bestreichen und ganz aufrollen.

6

Die Säulen im Abstand von 4 cm auf das schmale Stück Fotokarton und die Kapitelle auf die Säulen kleben. Zuletzt den Giebel aufsetzen und ankleben.

Säulenpaar

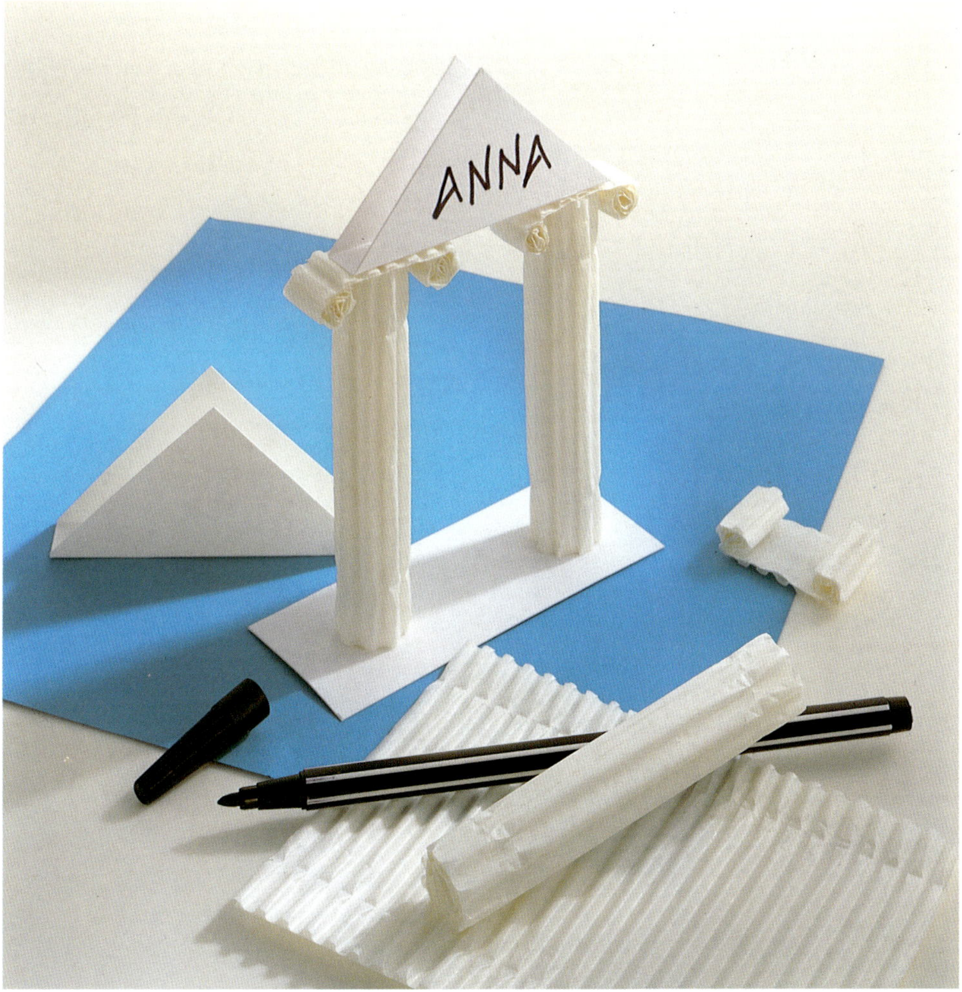

Kokarde

Passend zur französischen Küche in den Farben Blau – Weiß – Rot. Wer's lieber italienisch mag, wählt ein grün-weiß-rotes Band.

Sie brauchen für 1 Kokarde:
1 rundes Stück Fotokarton von 6 cm Ø
Schneidemesser
Lineal
1 schwarzen Filzstift
1 Stück weißes Zeichenblockpapier von
7 × 36 cm Größe
Alleskleber
60 cm Geschenkband in Landesfarben

1

Zuerst mit dem Schneidemesser den Fotokarton im Durchmesser anritzen (siehe Seite 18/19). Eine Hälfte des Kartons mit Filzstift beschriften und hochknicken.

2

Den Papierstreifen vom Zeichenblockpapier der Länge nach in 1,5 cm breite Zickzack-Falten legen. Das gefaltete Papier an einer Längskante 1 cm breit mit Kleber bestreichen. Das Geschenkband aufkleben und den überstehenden Rest abschneiden.

3

Die dem Band gegenüberliegende Kante des Papiers so zu einem Punkt zusammenfassen, daß die Falten strahlenförmig davon ausgehen.

4

Bestreichen Sie die hochgeknickte Hälfte des runden Kartons sowie einen daran anschließenden 1 cm breiten Streifen mit Kleber. An diese Fläche den Papierfächer kleben.

5

Das restliche Band zur Hälfte zusammenlegen und seitlich unter den hochgeknickten Halbkreis kleben. Die Enden abschrägen.

Tip:
Sehr dekorativ wirkt die Kokarde auch, wenn Sie ein unifarbenes oder gemustertes Geschenkband wählen (zum Beispiel aus Satin oder Moiré) und einen in der Farbe dazu passenden Karton.

Kokarde

Halbkreis mit Fächer

Wenn fernöstliche Spezialitäten auf die Gäste warten, ist diese Tischkarte genau richtig.

Sie brauchen für 1 Karte:
1 rundes Stück schwarzen Fotokarton
von 12 cm Ø
Schneidemesser · Lineal
2 Fleischspieße aus Holz
1 roten und 1 schwarzen Filzstift
Golddraht
Schreibmaschinenpapier von
10 × 20 cm Größe
Klebefilm
1 rundes Stück roten Fotokarton
von 6 cm Ø
1 mitteldicken Pinsel
schwarze Tusche · Alleskleber

1

Mit dem Schneidemesser den schwarzen Fotokarton im Durchmesser einritzen und knicken (siehe Seite 18/19).

2

Die Spieße auf je 15 cm kürzen. Je eine Hälfte mit rotem, die andere mit schwarzem Filzstift färben. Die Spieße in der Mitte gekreuzt übereinanderlegen und mit Golddraht mehrmals umwickeln.

3

Das weiße Schreibmaschinenpapier in 1 cm breite Zickzack-Falten knicken. Eine Längsseite zusammennehmen und mit Klebefilm fixieren.

4

Mit Pinsel und Tusche den roten Fotokarton-Kreis beschriften (siehe Seite 34/35) und auf die hochgeknickte Hälfte des schwarzen Kreises kleben.

5

Die Spieße mit dem Golddraht an die Schnittstelle von roter und schwarzer Kreiskante kleben.

6

Den weißen Fächer schräg an der Rückseite des schwarzen Halbkreises mit Kleber befestigen.

Halbkreis mit Fächer

Zebrastreifen

Es muß nicht immer Schwarz sein. Je nach Lieblingsfarbe und Anzahl der Gäste lassen sich die Kärtchen leicht variieren.

Sie brauchen für 1 Kärtchen:
je 1 Stück weißen und schwarzen Foto-
karton von 12 × 12 cm Größe
Lineal · Bleistift · Schneidemesser
Alleskleber
Filzstifte in verschiedenen Farben

1

Zuerst mit dem Schneidemesser jedes Kartonquadrat in einer Diagonalen einritzen und zu einem Dreieck knicken.

2

Markieren Sie jetzt – wie in der Zeichnung angegeben – auf das weiße Dreieck, parallel zu einer Seitenkante, mit dem Bleistift 1 cm breite Streifen im Abstand von 2 cm zu den Seitenkanten (siehe Seite 18/19).

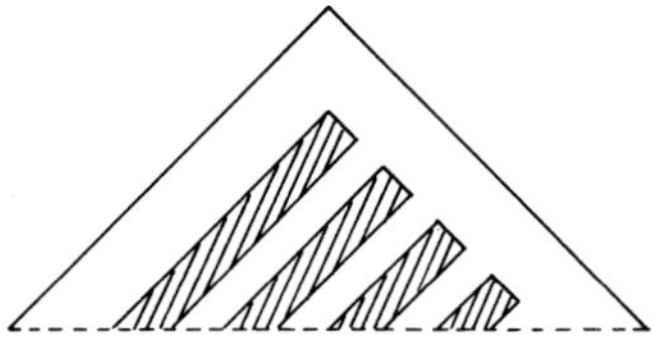

3

Mit dem Schneidemesser die auf der Zeichnung schraffierten Streifen ausschneiden.

4

Das weiße und das schwarze Dreieck nun so ineinander kleben, daß die Kanten des schwarzen Dreiecks knapp 2 cm überstehen.

5

Mit verschiedenfarbigen Filzstiften nun den Namen des Gastes aufschreiben.

Tip:
Statt bunte Fotokarten einzukleben, falten Sie eine Papierserviette zu einem Dreieck und legen die Serviette in das Streifendreieck. So wird aus dem Platzhalter zugleich ein Serviettenhalter.

Zebrastreifen

Herbstlaub

Diese Platzhalter wirken besonders dekorativ, wenn sich die aufgeklebten Blätter und Früchte der einzelnen Kärtchen in Form und Farbe unterscheiden.

Sie brauchen für 1 Kärtchen:
1 Stück Karton von 11 × 18 cm Größe
Schneidemesser
Alleskleber
1 Stück Öko-Geschenkpapier mit Naturfasern von 11 × 18 cm Größe
70 cm naturfarbene Paketschnur
verschiedene Blätter und Früchte
1 braunen Filzstift

1

Zunächst mit dem Schneidemesser den Karton in der Längenmitte einritzen (siehe Seite 18/19) und knicken.

2

Den geknickten Karton mit dem Geschenkpapier bekleben.

3

An einer Kärtchenhälfte die Paketschnur im Abstand von 3 cm zur Unterkante zweimal um den Karton wickeln. Die Enden 3 cm von der linken Seitenkante entfernt verknoten und zu einer Schleife binden.

4

Blätter und Früchte hinter die Schleife kleben.

5

Zuletzt beschriften Sie das Kärtchen mit dem Filzstift.

Tip:
Nicht nur die Naturliebhaber unter Ihren Gästen freuen sich, wenn Sie außer Blättern und Früchten für die Kärtchen auch Federn, Muscheln, Gräser, Rindenstückchen oder Beeren verwenden.

Herbstlaub

Schleife

Eine Tischkartenvariante, die sich – ganz in Weiß – auch für Erstkommunion, Hochzeit oder Taufe eignet.

Sie brauchen für 1 Schleife:
1 Stück Fotokarton von 5 × 7 cm Größe
Bleistift
Schere
1 goldenen Filzstift
50 cm langes und ca. 8 cm breites,
weißes Tüll- oder Geschenkband
Golddraht
1 Goldknopf
4 Goldperlen

1

Zeichnen Sie mit dem Bleistift – der Zeichnung entsprechend – auf das Kartonstück eine Arabeske, die Sie dann ausschneiden. Die Arabeske mit Goldstift umranden und beschriften.

2

Den Tüll oder das Geschenkband entsprechend der Zeichnung zu einer Schleife legen und durch mehrmaliges Umwickeln mit Golddraht fixieren.

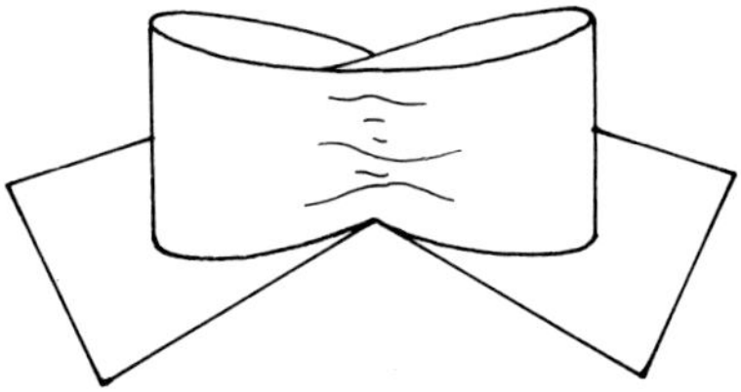

3

Von dem restlichen Golddraht zwei je 20 cm lange Stücke abschneiden und in jedes Ende eine Goldperle drehen.

4

Beide Golddrähte zwei- bis dreimal so um die Schleife wickeln, daß die Enden verschieden lang abstehen. Mit einem Draht dabei die Arabeske und den Goldknopf mitfassen.

Schleife

Weihnachtsstern

Ohne prächtigen Schweif, statt dessen in vielen verschiedenen Größen, ergänzt er perfekt die festliche Tischdekoration zur Weihnachtszeit.

Sie brauchen für 1 Stern mit Schweif:
1 Plätzchenausstecher in sechszackiger
Sternform von 7,5 cm ∅
1 Stück Fotokarton von 20 × 20 cm Größe
Bleistift · Schere · Alleskleber
Schreibfeder und Tusche

1

Die Plätzchenform zweimal auf den Karton legen und mit Bleistift umranden. Die Sterne ausschneiden.

2

Mit der Schere in jeden Stern, von einem Zackental aus, einen Schnitt bis zur Sternmitte anbringen. Die Sterne an den Schnittstellen ineinander stecken.

3

Aus einem Stück Karton von 5 × 13 cm Größe – der Zeichnung entsprechend – den Sternenschweif schneiden.

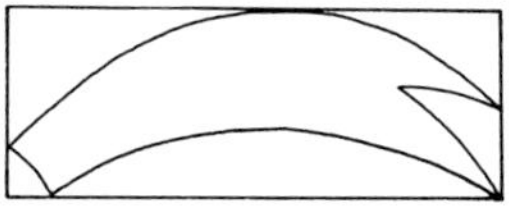

4

Mit Schreibfeder und Tusche den Schweif beschriften (siehe Seite 34/35) und an den Stern kleben.

Tip:
Der Stern ist nicht nur strahlender Platzweiser für liebe Gäste, auch als Bote für ganz persönliche Grüße zum Fest bietet er sich an. Damit er in einem Briefumschlag Platz findet, die Zackenteile nicht ineinander stecken.